Reinhold Messner

Berge

Reinhold Messner

Berge

Mit 137 farbigen Abbildungen

Herbig

„Wollen wir die Berge retten, müssen die künftigen Generationen deren Wert begreifen."

S. 2: Ausbruch des Ätna.

Bildnachweis:

Archiv Reinhold Messner
Fulvio Roiter
Archivio Studio Bi Quattro

Originaltitel der italienischen Ausgabe:
MONTAGNE
Immagini · Pensieri

Redaktion und Bearbeitung: Valeria Camaschella, Marco Volpati, Roberto Ghidoli, Miryam Lamarque, Laura Ciancolini, Tiziana Campana
Herstellung: Studio 3, Milano
Druck: Officine Grafiche De Agostini, Novara - 2002
Binden: Legatoria del Verbano
ISBN 3-7766-2281-4

Rechts: Ol Doinyo Lengai in Tansania, Ostafrika.

Der Fujiyama vom Rand der Stadt Tokyo gesehen.

INHALT

VORWORT

Nachdem wir die verschiedenen Entwicklungsphasen der Bergwelt erlebt haben, verfügen wir heute über ein Bündel an Erfahrungen, das im Laufe der Zeit einen beträchtlichen Wert angenommen hat und uns die Möglichkeit gibt, den zukünftigen Generationen ein nützliches und konstruktives Erbe zu hinterlassen. Der Berg ist dort, seit Millionen von Jahren, und da oben, wo nichts an die Städte und die Ebene erinnert, versuchen wir zu überleben.

Wie? Indem wir Traditionen und Arbeitsweisen aus vergangenen Zeiten weiterführen, sie mit neuen Technologien kombinieren und uns dadurch in die globale Welt eingliedern. Als Bergbewohner sind wir ein Teil der globalen Welt und werden nur dann imstande sein, uns in diese moderne Wirklichkeit einzugliedern, wenn wir es schaffen, unsere lokalen Werte und die Kultur der Gebirgswelt zu verteidigen. Dieselben Überlegungen gelten auch für das Hochgebirge, für Gipfel, nach denen der Mensch einst nicht zu trachten wagte. Denn dort oben gab es nichts, zumindest nichts Nützliches. Doch diese scheinbar nutzlose Welt hat seit jeher eine ganz eigene Dimension, die unendlich ist. Jenseits unserer Fähigkeiten gibt es eine göttliche Welt, die nicht für uns geschaffen ist: Wahrnehmen kann man sie nur in einigen kurzen und magischen Augenblicken.

Als Bergbewohner und Alpinist versuche ich, den Jugendlichen das zu vermitteln, was ich bei meiner Arbeit und beim Bergsteigen gelernt habe. In meinem Alter zählt nicht, wie viele Gipfel ich bestiegen, wie viele Monate ich damit verbracht habe, den Ziegen, Lamas und Yaks beim Almabtrieb zu folgen. Wichtig ist nur, wie ich den Berg für die nächste Generation hinterlasse. Mein Nachlass ist eine Truhe von Werten, eine Unendlichkeit von Bildern und das Bewusstsein, dass es sich lohnt, den Berg zu besteigen und im Gebirge zu leben: um es zu schützen, um der Jugend die Gelegenheit zu geben, die Bergwelt neu zu erfinden, auf ihre Art, damit auch sie diese einmal ihren Kindern weitergeben können, unverbaut und intakt.

Kailash, der heilige Berg in Tibet.

JENSEITS DER BLAUEN BERGE

LEBENSWERTE GEBIRGE In einer Zivilisation, die das Naturerlebnis zum Konsumgut macht und »Abenteuer« im Reisekatalog anbietet – dosierbar, steuerbar, kontrollierbar – gewinnen die Berge und Gebirge wieder an Bedeutung. Denn eine Gesellschaft, die in künstlichen Erlebniswelten und naturnahen Aktionsparks nach einem Ausgleich zur sterilen Alltags- und Arbeitswelt sucht, findet diese zuletzt nicht in irgendwelchen Einrichtungen oder Als-ob-Gefahren-Räumen, sondern in kaum oder nicht erschlossenen Welten wie zum Beispiel im Hochgebirge. Vorausgesetzt, wir belassen diese so wie sie sind.

Infrastrukturen hingegen können zwar den vordergründigen Anspruch nach immer größeren Risiken bei gleichzeitig immer größerer Sicherheit befriedigen, nicht aber den menschlichen Wunsch nach Erlebnis, Freiraum und dem Unbekannten. Es ist zuletzt das Jenseitige, das, was jenseits unserer Möglichkeiten liegt, das uns immer wieder herausfordert und Grenzen setzt, nicht »Glück« in der Gefahr. So wenig Abenteuer ohne Risiko möglich ist, so wenig werden Thrill-Angebote aller Art als nachhaltige Erlebniswelt übrig bleiben.

Unser Dasein hat sich gewandelt – vom Zustand des Überlebens zum Wunsch nach Erleben –, es wird aber mit mehr an Geld, mehr an Freizeit und damit mehr an Spielmöglichkeiten nicht glükklicher. Lebensqualität hat nämlich weniger mit Konsum als mit Sinn zu tun. Und Sinnhaftigkeit wächst uns mit selbst gestellten Aufgaben zu, mit Visionen, die zu Herausforderungen werden. Steht inzwischen doch die Frage, wofür und nicht wovon wir leben, im Mittelpunkt unseres Daseins! Inszeniertem Glück, gemeinsam veranstalteter Aktion und gekauftem Thrill folgt am Ende der Spirale nur der Frust. Denn in künstlichen Erlebniswelten werden keine Fragen gestellt und keine Probleme gelöst, vielmehr wird Happiness vor- und nachgespielt. Vielleicht auch die Sinnleere kurzzeitig verdrängt, die Sorgen vergessen, Stress und Frust abgebaut.

Anders in der Stille, Gefahr und Weite der Gebirge, um deren Werte es mir hier geht. In der lebensfeindlichen Welt oberhalb der Menschenwelt, wo nichts vorhersehbar und alles möglich bleibt, ist unser Tun vielleicht nutzlos, es wird uns aber trotz allem sinnvoll erscheinen. Anstrengung gehört dazu, Eigenverantwortung und vor allem die Bereitschaft, Schwierigkeiten und Risiken zu meistern.

Basislager in Alaska.

Gefahr und das Jenseitige, als für uns Unzugängliche, sind die Ingredienzen, die eine Welt zu einem Erlebnisraum machen und das Tun dort zur bleibenden Erfahrung. Das Hochgebirge ist auch Erfahrungsraum für den modernen Menschen.

Es gilt also jene Werte zu verteidigen, die dem Gebirge seit Anbeginn innewohnen, und nicht weiter die Stadtkultur ins Gebirge zu tragen. Erlebniskonsum als Flucht ins Vergnügen ist – wenigstens hoch oben am Berg – kontraproduktiv und im wahren Gefahrenraum der Hochgebirge auch nicht zu verantworten. Denn je intensiver das Bedürfnis nach inszenierter Aktion, umso größer die Erlebnisinflation und die Blindheit für Gefahren. Umso geringer am Ende auch die Lebenszufriedenheit. Dabeisein ist nicht gleich Erlebnis und Thrill ist nichts als ein Kick. Künstliche Erlebniswelten täuschen ein vom Veranstalter versprochenes Paradies nur vor. Abenteuer kann es ohne das Unbekannte, ohne Einsatz, ohne überwundene Selbstzweifel nicht geben und Genuss allein macht nicht glücklich, auch Anerkennung nicht oder der Rausch; es ist das Zurückkommen nach einem selbst veranstalteten Versuch, das Ende der Welt zu erreichen, das uns in den Zustand des zufriedenen Daseins taucht. Denn wir alle wollen mit-, über- und erleben. Wir müssen dafür nichts von der Natur opfern – weder von der Berg- noch der Menschennatur.

Also gilt es, die Hochgebirge dieser Erde in ihrer Ursprünglichkeit zu bewahren. Auf dass sie für alle Zeit Erlebnisraum bleiben!

Aufstieg zum Makalu. Dahinter der Lhotse und der Mount Everest.

Das Carstensz-Gebirge, Neuguinea.

JAHR DER BERGE 2002. Im Jahr der Berge muss allen Menschen klar werden, was die Gebirge heute für die Menschheit bedeuten und was ihre unverzichtbaren Werte sind. Vor allem für die Zukunft.

K 2, Karakorum. Morgen am Südgrat.

Mont Blanc von Süden, Alpen.

“Der höchste Berg der Alpen, inmitten Europas, ist nicht nur einem wachsenden Ansturm von Touristen ausgesetzt. Winterstürme, Kälte, Gefahr sind geblieben.”

SPIELFORMEN Unter dem Sammelbegriff Bergsteigen verstehen wir ein breites Spektrum an Tätigkeiten, die vom Bergwandern, Trekking, Skibergsteigen, Bouldern über das Klettergartenklettern, den Hochtourismus, das Abenteuerklettern bis hin zum extremen Bergsteigen im alpinen Bereich und in den Höhenzonen der Anden oder des Himalaja reichen. Die Grenzen zwischen den verschiedenen Spielformen sind fließend, und all dieses Tun ist gleich wertvoll, wenn es dem Prinzip des Respekts Mensch–Natur gegenüber gehorcht.

GESUNDE NAHRUNGSMITTEL

Die Landwirtschaft in den Alpen ist krisengeplagt. Aber leiden nicht alle Bergregionen in Europa unter ähnlichen Problemen? In einem globalen Markt hat abseits der großen Verkehrsströme weder der Selbstversorger noch der Intensivbetrieb eine Chance. Vielleicht der Spezialist oder der Nebenerwerbsbauer. Aus den alpinen Landschaften aber darf sich der Mensch dennoch nicht zurückziehen. Sie müssen weiter gepflegt werden – auch zum Segen der Menschen in den Ballungszentren am Fuße der Alpen. Es bleibt zu hoffen, dass die Krise ein Umdenken bei Bauern und Politikern herbeiführt, auf dass wertvolleren Nahrungsmitteln endlich ein höherer Stellenwert zukommt.

“Als Selbstversorger stelle ich in Juval Fleisch, Milch, Eier, Obst und Gemüse her. Für den Eigenbedarf und unsere Gäste, die wertvolle Nahrungsmittel verdienen.”

Eine verlorene Welt bleibt verloren. Das Selbstversorgerdasein in den Dolomitentälern ist abhanden gekommen und wird nie wieder auferstehen.

Geislerspitzen, Dolomiten. Die Felsenheimat von Reinhold Messner.

“Um die Taten meiner Vorgänger schätzen zu können, folge ich ihren Wegen. Mein Bergsteigen ist so auch ein Begreifen der Geschichte.”

GESCHICHTE Die Werte der Berge und des Bergsteigens erschließen sich uns nicht nur durch die Tat. Auch der Blick zurück in die Geschichte lässt uns erkennen, welchem Wandel der Zugang der Menschen zu den Bergen unterliegt. Bergsteigen war immer schon mehr als Aktion, es ist Auseinandersetzung mit der Natur, mit der menschlichen Psyche, mit verschiedenen Geisteshaltungen. Niemand darf sich anmaßen, die einzig »richtige« Lehre zu kennen, alle aber sollten wir uns einbringen. Auch die Zukunft wird keine allein selig machende Art in die Berge zu gehen hervorbringen. Bergsteigen muss aber für viele möglich bleiben.

Aufstieg auf den Similaun, an der Grenze zwischen Österreich und Italien.

SOLIDARITÄT Bergsteiger sind unmittelbar aufeinander angewiesen. Sie übernehmen Verantwortung füreinander, teilen Verantwortung und helfen, wo immer im Gebirge Hilfe gebraucht wird. Da mit dem intensiven, gemeinsamen Erleben im Gefahrenraum der Gebirge alle gesellschaftlich, geschlechtlich oder sprachlich bedingten Unterschiede unwichtig werden, tritt meist die Solidarität in den Vordergrund. Bergsteigen hat damit auch eine völker- und religionsverbindende Dimension.

"Zwischen Licht und Schatten, zwischen Tag und Nacht, zwischen Himmel und Erde sind mir die Alpen am liebsten."

Verzauberte Bergwelt. Der Sas dla Crusc, Dolomiten, Südtirol.

DIE VERTIKALE WELT In kleinen Fels- oder Eiswänden ist schon das Ausgesetztsein erlebbar. Und Felswände gibt es fast überall auf der Erde. Klettern und Bergsteigen sind nun auch globale Bewegungen geworden.

IDENTIFIKATION Gipfel sind sichtbare, ja greifbare Ziele, und es ist einfach, sich auf sie auszurichten. Wer sich mit seiner Tour, mehr noch mit seinem Ziel identifiziert, wird eher Erfolg haben als Alpinisten mit einer vagen Vorstellung von ihrem Tun. Eine Einstellung, ich klettere, weil Bergsteigen gerade »in« ist, trägt nicht weit. Es gilt auch am Berg seiner Begeisterung zu folgen, um ganz in der Wand zu sein. Die Identifikation mit dem Fels – Griff für Griff, Tritt für Tritt – lässt uns dann nicht selten ein Gefühl des »Schwebens« erleben, Flow-Zustand genannt.

FERNWIRKUNG DER ALPEN

Die Europäische Union, dicht besiedelt und intensiv genutzt, kann sich in ihrer Mitte einen ökologisch instabilen Alpenraum nicht leisten! Damit die Alpen ihre wichtige Aufgabe als Wohn-, Erholungs- und Transitraum, als Wasserschloss und Energiespeicher also erfüllen können, müssen sie ökologisch stabil sein. Ein ökologisch instabiler Alpenraum wäre wegen der Erdrutsche, vermehrter Hochwasser, größerer Schwebestofffracht der Alpenflüsse eine enorme Bedrohung für Mitteleuropa. Damit wären weite Teile des Voralpenlandes potenzieller Gefahrenraum. Genauso wichtig wie die Lebensmittelproduktion ist also die zweite Funktion der Landwirtschaft: die Landschaftspflege. Denn Natur ist nicht beliebig konsumierbar. Alle genutzten Flächen müssen für den Konsum sorgfältig vor- und nachbereitet werden: vom Menschen für den Menschen.

Monte Rosa, Westalpen.
Seilschaft im Morgenlicht.

SCHWIERIGKEIT Sind Schwierigkeiten im Leben und am Berg nur da, um überwunden zu werden? Nein, das Leben ist uns aufgegeben und am Berg suchen wir die Schwierigkeiten aus freien Stücken – wir wachsen an ihnen oder kommen um, wenn wir uns dabei zu viel vornehmen. Weil wir auch am Berg nur durch Versuch

und Irrtum lernen, gilt es, eine Bergtour zu wagen und das Scheitern als Teil des Lernprozesses zu begreifen, der uns Schritt für Schritt an unsere Leistungsgrenze heranführt. Seinen eigenen Weg und Stil finden, bedeutet nichts anderes, als jene Schwierigkeiten auszuwählen, denen man sicher und ohne viele Steighilfen gewachsen ist.

Civetta, Dolomiten, Italien. Fantasie wird frei in den Wolken.

DIE SENKRECHTE Nirgendwo werden wir uns so rasch unserer Grenzen bewusst wie beim Klettern in der Senkrechten. Zu unseren affenartigen Verhaltensmustern gehört es offensichtlich auch, die Folgen eines Sturzes instinktiv abzuschätzen und die eigene Position in der Wand in Relation zu setzen zur Sicherheit auf ebenem Boden. Immerzu der Schwerkraft unterworfen, bleibt jede Sicherung am Berg nur Notbehelf. Sie kann die Angst reduzieren, nicht die Lebenslust steigern. Das Wohlgefühl beim Fels- und Eisklettern hängt vielmehr ab von jener inneren Sicherheit, die auf Können, Erfahrung und geschulte Reflexe aufbaut. Also ist das Können des Dürfens Maß.

Ein paar hundert Meter senkrechter Fels können genügen, den Zustand des Ausgesetztseins zu erleben, der zum Bergsteigen gehört wie die Anstrengung und bei gutem Wetter die Fernsicht.

Südwand der Marmolada d'Ombretta, Dolomiten.

VORBILD ALPEN? Nur wenn wir Europäer verstehen, dass die Alpen und unsere Sicht der Berge nicht der Maßstab für die Gebirge der Welt sein dürfen, können die weltweiten Aktivitäten im »Jahr der Berge« eine Bereicherung für alle Beteiligten werden.

In den Bergen Neuguineas leben einige Stämme immer noch wie in der Steinzeit. Die Leute folgen in ihrem Benehmen mehr den Instinkten als irgendwelchen Regeln.

NACHHALTIGE ENTWICKLUNG IN DEN GEBIRGEN DER WELT

Das »Internationale Jahr der Berge« soll, vor allem, die nachhaltige Entwicklung in allen Gebirgsräumen der Erde anregen. Aber wie? Die »Alpenkonvention« als Vorbild? Ja und nein. Denn die Verhältnisse in den Alpen sind nicht für alle Gebirge typisch. Die Alpen sind privilegiert. Sie sind ein besonderes Gebirge und sie liegen nahe des großen Ballungsraumes inmitten von Europa. Die Anden, der Himalaja haben ein völlig anderes Umfeld. Deshalb können die Alpen nicht das Vorbild für die zukünftige Entwicklung anderer Gebirge abgeben. Auch wenn manche Erscheinungen – Verstädterung, Zusammenbruch der Landwirtschaft, Tourismus – dies vielleicht nahe legen, die Alpenentwicklung soll auch nicht nach anderen Modellen ausgerichtet werden. Die allermeisten Gebirgsregionen sind ganz anders in ihre Kontinente eingebettet als die Alpen in Europa.

Obwohl die Gebirge ein Viertel der Erdoberfläche ausmachen und wohl seit Beginn der menschlichen Entwicklung stets als Wirtschaftsraum genutzt werden, sind sie heute benachteiligte Räume. Ein Zehntel der Weltbevölkerung lebt heute im Gebirge, die Hälfte der Weltbevölkerung indirekt von ihren Ressourcen, vor allem vom Wasser aus den Bergen. Trotzdem spielen Bergregionen in der Geschichte der Menschen und der heutigen Politik eine untergeordnete Rolle.

Die ästhetische oder touristische Gebirgswahrnehmung, von der Romantik bis heute, liefert ein Zerrbild, das weder für die Alpen noch für andere Gebirge paßt. Es darf nicht als Grundlage für eine nachhaltige Gebirgsentwicklung gedacht werden.

Die Gebirge ermöglichen in vielen Regionen der Erde nur ein extensives Wirtschaften. Die Wege dort sind lange und gefährdet. Damit sind alle Berggebiete wirtschaftlich und politisch periphere Räume. Die Zentren – Wirtschaft, Kultur und Macht – liegen in den Ballungsräumen außerhalb der Gebirge. Dort werden auch die politischen Entscheidungen getroffen. Die wenigen Hochkulturen, die in Gebirgsräumen – Tibet, Laddakh, Südamerika – entstanden sind, haben in dem von der Wirtschaft geprägten Weltbild wenig Bedeutung. Nur einige Berggipfel haben als »heilige Berge« eine überregionale religiöse Ausstrahlung erlangt, und nur diese sind im Bewußtsein breiter Bevölkerungsschichten etwas Herausragendes geblieben.

Stark zu zweit. Rajasthan, Indien

4·2·99

BROT UND LOHN Als Selbstversorger wie einst können die Bergbauern in den Alpen nicht überleben. Als Landschaftspfleger allein haben sie keinen Grund, oben zu bleiben am Berg. Denn alles, was Bauern zu abhängigen Lohnempfängern, noch schlimmer, zu bürokratisch kontrollierten und verwalteten Sozialfällen macht, bedeutet ihr Ende. Wird zuletzt die Entlohnung der Bergbauern vollständig von der Produktion abgekoppelt, werden die Bauern in ihrem Selbstverständnis verletzt, verlieren sie ihren Bauernstolz.

Zum »Almosenempfänger« gemacht, verliert der Landwirt zuerst seine Selbstständigkeit und dann seine Daseinsberechtigung. Land nachhaltig zu bewirtschaften ist die Aufgabe, die Landwirten am Berg möglich bleiben muss.

POLITISCHE VISIONEN Den Menschen, die in den Gebirgen der Erde leben, ein Auskommen vor Ort zu garantieren und gleichzeitig die unteilbaren Werte der Hochgebirgsnatur zu schützen, wird die Kunst sein, wenn es gilt, Rahmenbedingungen für die Bergregionen zu schaffen.

> Nur das Selbstverständnis, gewachsen in Jahrhunderten beim Überleben am Steilhang, kann den Niedergang der Bergkultur aufhalten."

Berghöfe am Sonnenberg im Vinschgau, Südtirol.

INTAKTE LANDSCHAFT Eine internationale Bergsteiger- und Klettergemeinschaft, die sich bemüht, keine Spuren zu hinterlassen, lokale Fauna und Flora zu schonen sowie Lärm zu vermeiden, wird die Gebirge dieser Erde den nächsten Generationen als intakte Landschaften überantworten. Und daran vor allem werden wir gemessen werden: wie wir die Gebirge hinterlassen! Nicht wie viele, steile, hohe Gipfel wir erreicht haben.

"Die Welt vor und die Welt nach der Menschenzeit ist es, die wir an den Rändern der Zivilisation ahnen, wünschen, fürchten."

Die Spitze des Cerro Torre, Patagonien, Anden.

"Fels, Wasser, Himmel. Das Leben bleibt auf wenige Landstriche und kurze Zeiträume beschränkt, ein Ausgesetztsein, das der Mensch allein kaum erträgt."

Auf dem Gipfel des Aconcagua, Anden.

Rio della Svelta, Patagonien, Argentinien.

ABENTEUER Mit dem Eintritt des Menschen in den Gefahrenraum der Gebirge nimmt er Risiken auf sich, die das Unterwegssein zu einem Abenteuer machen. Risiko und Abenteuer stehen also in enger Wechselbeziehung zueinander. Sie sind wesensbestimmende Elemente des Bergsteigens.

In Abwägen von Gefahr setzen wir die eigene Erfahrung, Sicherheit durch Können, Sicherung als Disziplin des Risikos ein, gehen Schritt für Schritt vor, weiter oder zurück. Das Scheitern ist dabei oft abenteuerlicher als der Erfolg und der Instinkt lässt uns meist das Richtige tun.

Verantwortungsbewusstsein ist in jedem Fall höher einzustufen als Wagemut, und auch wir Bergsteiger lernen durch Versuch und Irrtum. Immer sind Würde und Unversehrtheit von Mensch und Natur höher wertig als Leistung, Selbstverwirklichung und Abenteuer.

HOCHGEBIRGE IN ENTWICKLUNGSLÄNDERN Der zentrale Unterschied zu den Alpen besteht darin, dass die Landwirtschaft in den Alpen kaum noch eine Rolle spielt, während in den meisten Hochgebirgen der Entwicklungsländer die Landwirtschaft intensiviert und bis zur Übernutzung ausgeweitet wird, sodass die Bevölkerung auf dem Land und in der Stadt wächst. Ob die landwirtschaftliche Nutzung zu einem späteren Zeitpunkt hier

Die Traurigkeit der Indios in den Andentälern geht auf die Kolonisierung vor vier-, fünfhundert Jahren zurück. Sie trifft auch uns, wenn wir uns ihre Geschichte vorzustellen versuchen.

ähnlich stark wie in den Alpen zurückgehen wird, ist derzeit noch ungewiss. Aber wir müssen uns sehr vor der Vorstellung hüten, dass die Entwicklungsländer unsere Entwicklung bloß zeitverzögert nachvollziehen. Weiterhin fehlen hier moderne Industriegebiete und der Massentourismus. Insofern sind auch die Hochgebirge der Entwicklungsländer nicht mit den Alpen vergleichbar.

Werner Bätzing

VERHALTEN Die bis heute ungeschriebenen Verhaltensregeln beim Bergsteigen müssen auch jetzt nicht explizit formuliert werden. Vielmehr geht es darum, allen Bergsteigern jene Werte zu vermitteln, die darauf abzielen, die Gebirge nachhaltig unverändert zu belassen und unserem Tun gleichzeitig einen nachhaltigen Erlebensraum zu sichern. Zum aktiven Naturschutz muss also die freiwillige Beschränkung bei Infrastrukturen im Gebirge kommen und eine stillschweigende Übereinkunft, der alle Bergsteiger in ihrem Verhalten folgen. Bergsteigen ist inzwischen eine weltweite Bewegung, und nur wenn unserem Tun ein gemeinsamer Wertekatalog zugrunde liegt, werden die Gebirge der Erde ein globaler Wert bleiben.

Fitz-Roy-Gruppe, Patagonien, Argentinien.

Links: auf dem Gipfel des Aconcagua, Anden.

“Es gibt Berge, die durch ihre Form bestechen; andere beeindrucken uns wegen ihrer Höhe. Cerro Torre und Fitz-Roy sind zu Stein gewordene Akkorde.”

BERGVÖLKER Menschen, die in den Gebirgen leben, meist in kleinen Gemeinschaften, haben weder Reichtümer angesammelt noch Staatswesen gegründet. Sie haben ihre eigenen Überlebensstrategien entwickelt und Kulturlandschaften gesichert – auch für alle anderen.

Frau mit Hund, Ecuador, Südamerika.

Frau mit Kind, Bolivien, Südamerika.

Die Hochfläche von Bolivien, Südamerika.

SELBSTVERSORGERDASEIN In den Alpen sind es zwar immer weniger, die ein Selbstversorgerdasein in der Art ihrer Ahnen fortführen, in den außereuropäischen Gebirgen aber kann der Bergbewohner vielfach nur als Selbstversorger überleben. Da es in entlegenen Bergtälern oft weder Märkte noch Infrastrukturen gibt, bleiben ihm nur das eigene Feld, die eigenen Herden, die Jagd, Holz, soweit vorhanden, und Wasser aus den Bergen als Lebensgrundlage. In kleinen Gemeinschaften teilen sich die Menschen dort Brot und Not, sie tauschen Gerätschaften gegen Nahrungsmittel, Dienstleistung gegen Dienstleistung, Gebet und Hoffnung.

SCHICKSALSERGEBENHEIT Die Schicksalsergebenheit ist allen Bergvölkern gemeinsam. Ob Bergbauern in den Alpen, Yak-Nomaden in Tibet oder Massai-Hirten am Fuße des Kilimandscharo in Ostafrika, sie alle akzeptieren die Berge mit ihren Naturgewalten als Gesetzgeber. Die begrenzten Möglichkeiten nutzend, leben sie im Zustand des Selbstversorgers und in Eigenverantwortung. Plötzlich über sie hereinbrechende Naturkatastrophen werden als gottgewollt verstanden und über Jahrtausende überliefert. Im realen Gefahrenraum der Gebirge ist dieser Zustand wohl mit Schicksalsergebenheit zu ertragen.

Massai-Mädchen, Tansania, Ostafrika

Der Mount Kenia, Kenia, Afrika

IN GROSSER HÖHE Die großen Gebirge der Erde – Himalaja, Karakorum, Hindukusch, Pamir, Tien-Schan, Altai, Kaukasus, Alpen, Anden, Rocky Mountains – sind Gefahrenräume ohnegleichen geblieben.

DIE WUNDER DES HIMALAJA Die Wunder des Himalaja werden seit Jahrtausenden gepriesen und mit Ferne, Höhe, Leere und Nirwana erklärt. Dabei ist das Himalajagebirge, der Erdgeschichte nach, das jüngste Faltengebirge der Erde. Als mächtigste und höchste Gebirgskette erstreckt es sich in einer Länge von 2700 Kilometern quer über Zentralasien – von Afghanistan im Westen bis nach Assam im Südosten. Nirgendwo sonst auf dieser Erde begleiten den Menschen so häufig Halluzinationen bei ihren Pilgerreisen wie dort.

Annapurna-Gruppe im Himalaja, Nepal. Die Gipfel sind zahlreich, die Jahre gezählt.

Trango-Türme im Karakorum, Pakistan.
Rechts: Reinhold Messner am Fels.

„Es gibt Berge, die wie Träume den Himmel berühren, und Weiten, in denen sich alle Träume verlieren."

FELS Fels ist kein besonderer Stoff, außer man klettert daran. Sandstein kann sich im Sommer ofenwarm anfassen; Granit so rau sein, dass die Hornhaut an den Fingerkuppen rasch »durchgeklettert« ist; Kalkfels birgt Löcher oder Kerben meist dort, wo wir sie am wenigsten vermuten.

Schwieriges Klettern ist wie Tanzen. Dabei geht – sehen, greifen, spüren – eine Spannung durch den ganzen Körper – es ist wie eine Vorführung in einer pulsierenden Arena. Als fände die Performance an der Senkrechten einer lebendigen Bühne statt. Ja, der Fels wird in entscheidenden Augenblicken Teil von uns und wir sind Teil von ihm.

NACHT In nachthellen Städten vergessen wir rasch wie die Nacht schmeckt. Im Gebirge aber ist alles weiter, unübersichtlich, unheimlich, wenn wir nachts unterwegs sind. Mit einer Taschenlampe in der Hand finden wir uns nachts auf präparierten Steigen zurecht oder im Biwak, nicht aber in der Wildnis.

Zum Gebirge gehört auch die Dunkelheit, die Nachtkälte sowie der Sternenhimmel, der sich langsam über dir dreht. Bis sich die Himmelskörper, einer nach dem anderen, verlieren.

Der Granit im Baltoro, Karakorum, Pakistan.

Links: Abend in Urdukas, Karakorum.

Die Weite des Desai mit Nanga Parbat, Himalaja, Pakistan.

STERBEN UND TOD Bergsteigen ist und bleibt gefährlich. Also können Bergsteiger mit dem Sterben und dem Tod ihrer Kameraden oder anderer Bergsteiger konfrontiert sein. Auch unmittelbar. Wir sollten Unfälle vermeiden, anderen im Notfall helfen und, wenn nicht vermeidbar, sie beim Prozess des Sterbens begleiten.

Mit den Körpern toter Kameraden gilt es respektvoll umzugehen und alles zu tun, was den Wünschen der Angehörigen entspricht und den Schmerz der Hinterbliebenen lindert.

“Wenn es einen Schicksalsberg gibt, dann nur für den Einzelnen, nie für ein Volk.”

Morgenlicht über dem Nanga Parbat, Pakistan.

WOLKEN Wolken ragen oft weit über die höchsten Berge hinaus, und aus großer Entfernung sind Gletscherberge nicht immer von Wolkenbergen zu unterscheiden. Von oben betrachtet ist ein Wolkenmeer, in dem es brodelt und kocht, eine pulsierende Kraft, die uns in eine andere Welt emporhebt oder irre macht, wenn sich Gewitter unter uns entladen. Ja, Berge stecken oft in Wolken und die Welt steht auf dem Kopf, wenn das Firmament über uns schwarz wird und der Wolkenhimmel unter uns liegt.

GEFAHR Aller Kritik zum Trotz, ich bleibe dabei: Die Gefahr gehört als fundamentaler Wert zum Berg. Wenn sich Menschen ihm nähern, gehen sie Risiken ein. Oder andersherum: Ein Berg ohne Gefahr ist nur noch Attrappe. Steinschlag, Blitz, Kälte, Wettersturz, Sturm, White out, Lawinen sind im Hochgebirge jederzeit möglich und wir Menschen unterliegen schließlich der Schwerkraft. Also können wir herunterfallen. Umso weiter, je höher wir hinaufsteigen. Wer auf Berge steigt, begibt sich also in Gefahr, freiwillig und oft ohne Ausweg. Trotzdem gilt es, Gefahren immerzu auszuweichen. Nur als eigenverantwortliches Spiel macht unser Bergsteigen Sinn, denn »Wo Gefahr, ist das Rettende auch«, sagt schon Hölderlin.

Lawine, Annapurna, Himalaja.

“Wer sich in Gefahr begibt, muss aufpassen, aufpassen, aufpassen – alle Absicherung bleibt Korrektiv eigener Unsicherheit.”

RISIKO Einst teilten die Bergsteiger die Gefahren in zwei Kategorien ein: objektive und subjektive Gefahren. Je nachdem, ob diese vom Berg oder vom Menschen ausgelöst werden. Mir stellt sich der Sachverhalt anders dar: Gefahr ist, latent am Berg immer da, aber erst mit unserem Hinaufsteigen gehen wir ungezählte Risiken ein. Je mehr ich mich ihrer bewusst bin, umso besser bin ich als Bergsteiger gerüstet. Es gilt also Erfahrung zu sammeln und aufzupassen, immerzu aufpassen. Es gilt auch, unserer eigenen Eitelkeit zu widerstehen und nicht zu weit, zu hoch oder zu schnell zu steigen. Hat nicht schon der Dichter Gottfried Benn unser Tun als Widerstand, den »Widerstand gegen den herausgeforderten Tod« definiert?

Diama-Gletscher, Nanga Parbat, Pakistan. Dorthin gehen, wo andere nicht…

Mädchen mit Kleinkind, Askole, Pakistan.

Die Abgründe der Achttausender, G II und G I, Karakorum, Pakistan.

MUT UND ANGST Mut und Angst gehören als unteilbare Hälften zu uns. Sie begleiten uns im Gebirge immerzu. Manchmal packt uns die Angst und die Haare stehen zu Berge. Dieser Zustand dauert gewöhnlich nicht lange, aber wenn es nicht gelingt, die Schrecken zu beherrschen, verwandelt sich Angst in Panik. Panik aber ist der Feind der Sicherheit. Der Angst hingegen stellen wir den Mut entgegen. In schwierigen Situationen ist also beides in uns. Wer keine Angst verspürt, sollte nicht ins Gebirge gehen, denn ohne sie ist das Ende vorprogrammiert. Der Mut ist also nur die andere Hälfte der Angst.

TODESZONE In Meereshöhen über 5600 m kann der Mensch auf Dauer nicht leben und über 8000 m muss unser Aufenthalt ohne künstlichen Sauerstoff auf Tage begrenzt bleiben. Wir Menschen sind nicht geschaffen für die höchsten Gebirge dieser Erde. Wir sind Mängelwesen und leiden hoch oben am Berg an Schlafmangel, Sinnestäuschungen und Kopfschmerzen. Die Hyperventilation dehydratisiert unsere Körper, und wenn wir uns zu lange in der Todeszone aufhalten, ist das tödlich. Nur die in Jahren in großen Höhen gesammelte Erfahrung im Umgang mit sich selbst, hilft vorbeugen und Fehler vermeiden.

Südpol, Nordpol, 8848 m Meereshöhe: Es fehlt die Wärme, das Leben, der Sauerstoff. Kein Platz für Menschen.

Auf den Knien zum Gipfel des Mount Everest.

DER WEG Im Gebirge, vor allem im weglosen Gelände, ist jeder Weg ein eigener Weg. Diesen Weg zu gehen bedeutet, ihn zu finden, Schritt für Schritt zu ertasten, zu verinnerlichen. Wege entstehen also erst im Gehen.

So lernen wir, ob wir wollen oder nicht, bewusst zu gehen. Grenzgänger gelangen nie von einem Punkt A zu einem Punkt B, mit welchem Verkehrsmittel auch immer. Wir sind Fußgänger und werden eins mit unserem Weg, den es nur für uns gibt. Wer sich mit seinem Tun, mit dem Ziel identifiziert, wird immer einen Weg finden.

Am Rande der Wüste Gobi, Mongolei.

Kind als Träger, Rolwaling, Nepal.

Im Eisbruch. Mount Everest, Himalaja.

FREIHEIT VON UND ZU Im Gebirge finden wir weit mehr Freiheiten als Sportler in den lauten Arenen der Ballungszentren: keine sichtbaren Linien, keine Stoppuhr, kein Aus. Keine geschriebenen Regeln, keine Nennung, keine Funktionäre. Auch keine Schiedsrichter. In den »Arenen der Einsamkeit« braucht es das alles nicht. Alpinismus hat mit Kreativität, Eigenverantwortung und Selbstbeschränkung zu tun. Auch mit Anarchie. Wir Alpinisten delegieren weder Verantwortung noch Kontrolle. Wir sind Ideatoren, Akteure und Schiedsrichter in einer Person. Was ich darf, wie ich es mache, wie weit ich gehe, unterliegt meiner Selbstbeherrschung und der Freiheit, mein Leben zu wagen.

Tal des Schweigens, Mount Everest, Himalaja, Nepal.

TOD Der Tod ist das, was die Menschen in den Städten am Bergsteigen interessiert. Sonst nichts. Denn Bergsteigen ist lebensgefährlich.

Wie soll auch ein Laie zwischen sechstem und elftem Grad oder Alpenstil und Massenaufstieg am K 2-Gipfel unterscheiden? Bergsteigen ist heute eine weltumspannende Aktivität, eine globale Bewegung – aber für Nichtbergsteiger kaum nachzuvollziehen. Der Zahlenalpinismus, das, was nach 200-jähriger Entwicklung in der Auseinandersetzung Mensch–Berg die Szene trägt, bleibt unverständlich, emotionsarm, steril.

Nur das Sterben, zumal für die »Eroberung des Nutzlosen«, verursacht noch Kopfschütteln. Vor allem bei jenen, die nicht im Traum daran denken, auf Berge zu steigen. Dabei geht es beim Bergsteigen ums Überleben. Zuletzt um nichts sonst.

Überall zerrissenes Eis:
am Nordpol schwimmend;
am Südpol horizontal;
am Ostpol (Mt. Everest) vertikal.

RAUM Der Raum um uns ist überall »unendlich«, nur werden wir uns dessen nicht allerorten bewusst. Ein klarer Sternenhimmel über einem Freilager im Gebirge aber, der Blick von einem Alpengipfel in die Runde, der ferne Horizont auf dem tibetischen Hochland genügen, um diese Tiefe des Raums

zu erfahren. Natürlich gehört zum Aufstieg die Enge der Schluchten und Täler, offene Füße und vielfach Nebel oder Verlorensein in seiner eigenen Müdigkeit. Wer aber draußen und oben war, hat die Welt von oben erfahren und dieses Raumgefühl bleibt.

Hoggar-Gebirge, Sahara.

Zu Fuß durch Tibet, Yaks für den Lastentransport.

Am Fuß der Gletscher des Tienschan, Kasachstan.

Xi Warum begeben wir uns in Kälte, Hunger, Gefahr? Immer wieder. Ja, besonders der Himalaja ist voller Gefahren: Stürme, Lawinen und Gletscherspalten erreichen dort ein Vielfaches an Ausmaßen, wie wir sie aus den Alpen kennen. Trotzdem muss ich wieder hin. Warum? Komm doch, geh mit, begleite die Yakkarawanen auf ihren Wegen durch den Himalaja, und du findest am Ende wie ich ein Zauberamulett, den Xi-Stein der Könige des Schneelands.

“Harmoniebedürfnis oder Harmonie als göttliches Maß auch dort, wo der Mensch lebt, baut, mit seinen Symbolen zum Himmel weist.”

FLACH UND STEIL Tibet, Ladakh, Kaschmir sind nichts anderes als große Hochebenen zwischen den Gebirgsketten des Himalajasystems. Wir dürfen uns diese Flächen aber nicht flach vorstellen, und sie sind höher als die meisten Alpengipfel. Flach sind sie nur im Verhältnis zu den sie umrahmenden Erhebungen. Hier haben die Einheimischen ihre Heimat. Seit Jahrtausenden. Sie leben am Fuße der hohen Gipfel, auf Landrücken und in Tälern, in den Ausläufern des großen Faltengebirges. Breite Hochflächen sind hier das Charakteristische.

Tschorten und Siedlung in Westtibet.

> “Wüste und Berge; Wasser und Schnee; sonst nichts als Stille bis hoch in den Himmel. Wir können nur staunen.”

HOCHGEBIRGE IN INDUSTRIESTAATEN Die Einmaligkeit der Alpen besteht darin, dass sie sehr zentral mitten zwischen dynamischen Industrieregionen liegen und dass diese nach 1970 sogar noch räumlich ganz nah an die Alpen heranrücken und dadurch die Alpen direkt verändern. Die Alpen sind daher so eng mit der modernen Wirtschaft und Gesellschaft verflochten wie kein anderes Hochgebirge der Welt. Dagegen liegen die anderen Hochgebirge der Industriestaaten weit entfernt von den dynamischen Wirtschaftsregionen: Die Pyrenäen und die Gebirge des Mittelmeerraumes mit Hochgebirgscharakter sind von strukturschwachen Räumen umgeben, und die skandinavischen Gebirge liegen ausgesprochen zentrenfern, genauso wie die Hochgebirge der ehemaligen UdSSR, in den USA und Kanada oder die »Alpen« in Australien und Neuseeland. Nur in Japan grenzen die »Japanischen Alpen« direkt an dynamische Stadtregionen; weil es sich aber hier um ein sehr junges Gebirge handelt, sind Siedlungsgunst so gering und

Manasarovar, See mit Transhimalaja, Tibet.

Naturgefahren so hoch, dass es keine den Alpen vergleichbare Siedlungsentwicklung im Gebirge gibt. Die zweite Besonderheit der Alpen liegt in ihrer besonderen touristischen Bedeutung (»Erfindung« des Tourismus) und der starken touristischen Nutzung. Die touristischen Strukturen sind dabei stark von den traditionellen Siedlungsstrukturen mitgeprägt. Eine vergleichbare Entwicklung gibt es mit starken Abstrichen nur in den französischen Pyrenäen und sonst nirgendwo. In der Regel liegen die Hochgebirge so weit von den großstädtischen Quellgebieten entfernt, dass sich bis heute keine den Alpen vergleichbare Tourismusintensität entfaltet hat. Außerdem gibt es in den außereuropäischen Hochgebirgen der Industriestaaten keine traditionelle landwirtschaftliche Nutzung und Siedlung – sie waren Wirtschaftsraum für Jäger und Sammler –, sodass hier lediglich wenige touristische »Inseln« in großen unbesiedelten Räumen entstehen. Insofern stellen die Alpen im Kontext der Industriestaaten ein einmaliges Hochgebirge dar.

Werner Bätzing

AUTONOMIE Wie viele Bergvölker leben im Kaukasus? Und wie viele Konflikte haben sie ertragen müssen? Hinter dem Gesamtschicksal der Kaukasier aber stehen viele Sonderschicksale und Grenzen, Fremdbestimmung und Umsiedlung. Wir würden den gesamtkaukasischen Problemen nicht gerecht, wenn wir die Unterdrückung der einzelnen Nationen, das historisch begründete Sonderdasein der vielen kaukasischen Völker nicht erwähnen würden. Es ist eine traurige Tatsache, dass viele Bergvölker auf dieser übervölkerten Erde unterdrückt werden. Warum verweigert man ihnen die Autonomie?

Einer Minderheit anzugehören bedeutet, auch Gefühle des Verständnisses oder der Aggression anderen Minderheiten gegenüber zu entwickeln – je nachdem ob die »Feinde« nah oder fern vermutet werden. Die Probleme im Kaukasus sind daher viele.

Heiliger Berg in Bhutan, Himalaja.
Man muss nicht überall hinaufsteigen.

Links: Schneehänge
am Makalu, Himalaja.

UNBEKANNTES Es ist immer auch Neugierde, die uns wieder und wieder in unbekannte Bergwelten aufbrechen lässt. Und Alpinisten, die ein Leben lang aktiv sind, werden mehr von ihrer Neugierde als vom Wunsch nach Steigerung ihrer Fähigkeiten getragen. Mit zunehmendem Alter werden die Berge zudem größer und die Neugierde richtet sich mehr und mehr nach innen. Liegen die Grenzen unserer Leidens- und Leistungsfähigkeit doch in uns – auch die Sehnsucht, mehr an Stille und Erhabenheit der Bergwelt in uns aufzunehmen.

EINS SEIN Wenn wir draußen, im Gebirge, unterwegs sind, sind wir ganz wir selbst. Wir sind dabei mit uns und der Bergwelt eins – mit all unseren Sinnen, mit all unserer Kraft, mit all unserer Begeisterungsfähigkeit – so stark vor Ort also, dass wir später, wieder daheim, das Gefühl haben, nur da draußen an der richtigen Stelle und ganz wir selbst gewesen zu sein. Und dieses Gefühl wollen wir wieder und wieder haben. Also gehen wir wieder und wieder hinauf.

> **„Nach der Rückkehr, im Zimmer, mit meiner Familie, erzähle ich meinen Kindern von Süd- und Nordpol, von den Achttausendern…"**

Ein warmer Winkel im Schloss Juval.

Links: Mit Sabine und Magdalena im Gebirge.

Wo niemand hingeht.
Am Rande des Himalaja, Ladakh, Indien.

“Mein ganzes Wesen – Kopf, Herz, Muskeln, Sinne – trägt die Ausmaße der bestiegenen Berge in sich, wenn ich zurückkomme in die Täler.”

MASS UND MASSLOSIGKEIT

Im Westen des Himalaja sind viele Hochebenen vom Wind leer gefegt und völlig verödet. Ich kenne Schluchten, die so eng sind, dass die Sonne ihren Grund selten oder nie erreicht. Ein einzelner Mensch irgendwo am Hang oder ein Reiter am Horizont geben dieser Landschaft ihr Maß. Gleichzeitig zeigt uns diese Welt mit dieser Leere ihre Maßlosigkeit. Trotz allem sammeln die Kinder der Nomaden auch dort Tag für Tag Yak-, Ziegen- und Schafmist: Brennstoff fürs Überleben.

Auf dem Gipfel des »Zorro«, 5700 m, Osttibet, 1996.

SELBSTVERWIRKLICHUNG Über die Befriedung ihrer Grundbedürfnisse hinaus wollen viele von uns ihre Fähigkeiten auch außerhalb des Alltags ausdrücken sowie dabei Anerkennung und Lebensfreude finden. Bergsteigen ist dabei nur eine Möglichkeit von vielen. Weil aber Klettern, Wandern und Bergsteigen mit Kreativität, Einsatz und Grenzerfahrungen zu tun haben, kommt ihnen eine sinnstiftende Dimension zu: Selbstverwirklichung im Rahmen der eigenen Fähigkeiten gibt Lebensfreude.

*Tuareg im Hoggar-Gebirge,
Sahara, Algerien.
Die Farben der Wüste.*

> **“Hoch über der Wüste kletternd wachsen die Dimensionen um uns. Und sie bleiben in uns, wieder unten, zwischen den Sanddünen, weil wir die Übersicht gewonnen haben.”**

MASSSTAB Berge sind wie Maßstäbe, wir messen uns an ihnen. Dabei werden wir uns vor allem unserer Ängste, Zweifel, unserer Begrenztheit bewusst. Denn nur weil wir in unseren Fähigkeiten begrenzt sind, machen wir Erfahrungen. Die Wertediskussion zum Thema Mensch und Gebirge hat in der Frage nach dem Erlebnispotenzial der Gebirge für den Menschen ihren Sinn.

BALTISTAN Nördlich von Kaschmir liegt Baltistan, ein gebirgiger Landstrich zwischen Hunza und Ladakh (Kleintibet), der immer noch schwer erreichbar ist. Die Hauptstadt Skardu, dort wo der Shigar in den Indus mündet, ist nur ein Straßendorf in der Wüste. Dieses Baltistan aber, am Fuße des gletscherreichen Karakorum gelegen, gehört zu den eindrucksvollsten Gebirgsgegenden der Erde. Tiefe Schluchten und Granitwände so hoch wie der Himmel zerreißen eine Gegend, die einst zum tibetischen Kulturkreis gehörte und viele Geheimnisse birgt.

Urdukas, Baltoro, Pakistan. Die Ruhe unterm Felsvorsprung.

KUNST Mein Bergsteigen ordne ich mehr der Kunst und weniger dem Sport zu. Denn alle meine Aktionen beginnen als Ideen im Kopf und ein gekletterter Weg ist wie eine Linie in einem gigantischen Raum. Wenn auch für andere nicht sichtbar, sind die Routen doch da, ein Nichts zwar, aber nachvollziehbar, abbildbar, beschreibbar. Nicht nur die Fantasie, die notwendig ist, eine bergsteigerische Herausforderung zu erschaffen und die erfundene Problemstellung zu lösen, auch unsere selbstauferlegten Regeln beim Steigen haben mit Kreativität zu tun. Auch lege ich für die Beurteilung und Einordnung jeder Bergtour Kunstkriterien und weniger Zeit–Raum Maßstäbe

“Der ‘Eroberer des Nutzlosen’ drückt sich durch Linien aus, die geklettert, aber nicht sichtbar sind. Etwas zu schaffen und nichts dabei zu hinterlassen, macht für mich auch noch Sinn.”

K 2, Karakorum, der zweithöchste Berg der Welt.

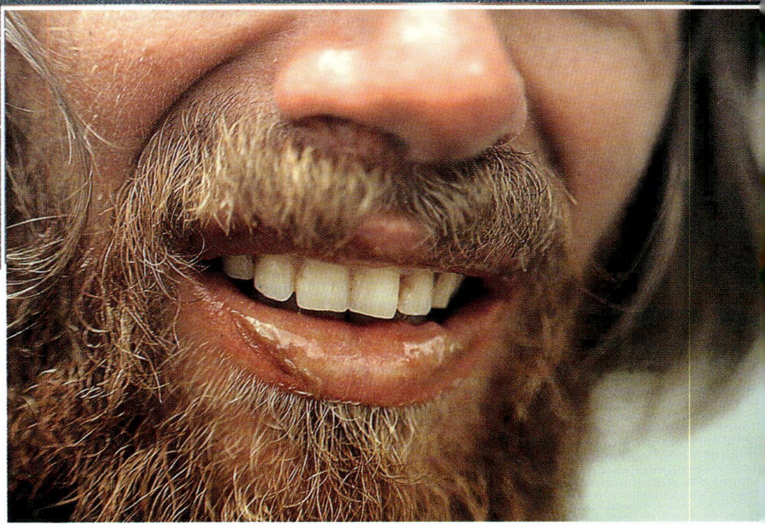

„Vor 50 Jahren wurde der
'Berg der Berge' erstmals bestiegen;
der K2 ist in unserem Bewusstsein
damit ein anderer geworden."

Die Südwand des K 2, Pakistan/ China

LEISTUNG Die allermeisten Bergsteiger sind keine Leistungssportler. Es geht ihnen nicht um Rekorde oder Sensationen, sondern vielmehr um ein Unterwegssein im Gebirge. Den Herausforderungen, denen wir uns dabei freiwillig stellen, müssen wir aber überlegen, nicht nur gewachsen sein. Trotzdem, auch knapp unter der eigenen Leistungsgrenze sind wir körperlich und geistig gefordert. Auch erkennen wir, dass es jenseits unserer Möglichkeiten das für uns Unmögliche gibt, dem wir uns mit gesteigerten Fähigkeiten, mehr Erfahrung und viel Vorsicht nähern können.

ANARCHIE Als Gesellschaftsmodell hat Anarchie nie funktioniert. In der Vertikalen aber und hoch über den Wolken basteln wir uns das gemeinsame Überleben immerzu selbst. Mit dem Selbsterhaltungstrieb als Basis gemeinsamer Strategie tasten wir uns vorwärts. Im Notfall führt die stärkste Persönlichkeit. Ja, jede Seilschaft, jede Expedition bleibt im Gefahrenraum eine Welt für sich und schafft sich Schritt für Schritt ihre Überlebensstrategie.

“Gesetze müssen hoch oben gar nicht gebrochen werden, weil es keine von Menschen gemachten Gesetze dort gibt.”

Biwakzelt am K 2, Karakorum.

Unter dem Gipfel des K 2.

"Als Verzichtsalpinist verzichte ich nicht aufs Bergsteigen, nur auf Hilfsmittel, die es wesentlich erleichtern. Als ob ein 'geschenkter' Gipfel nichts wert wäre."

REDUKTION AUF DAS WESENTLICHE Nicht nur die Bergbauern, auch die Bergsteiger müssen sich auf wenige Hilfsmittel beschränken können, wenn sie hoch oben am Berg zurechtkommen wollen. Vielleicht ist es diese Reduktion auf das Wesentliche, die Könner am Berg und nachhaltiges Wirtschaften im kultivierten Tal darunter gleichermaßen auszeichnen. Respekt vor den Bergen und Bescheidenheit in der Wahl der Steig- und Arbeitshilfen garantieren eine heile Bergwelt und heile Bergsteiger.

Die Steinhäuser von Solo Khumbu, Himalaja, Nepal.

NATUR UND KULTUR Im Gegensatz zur Stadtkultur setzte die Bergkultur auf ein Nebeneinander von Natur und Kultur. Und in der Verzahnung von lokaler Kultur, Landwirtschaft und Tourismus kann vielerorts die Zukunft liegen. Diese setzt ein intaktes lokales Selbstverständnis und Gebirge voraus – bestehend aus Kultur- und Naturlandschaft, die nachhaltig nutzbar sind.

VERZAHNUNG VON NATUR- UND KULTURLANDSCHAFT Ein Schlüssel zur nachhaltigen Nutzung der Bergwelt wird in der Verzahnung von Natur- und Kulturlandschaft zu finden sein. So notwendig dabei Infrastrukturen und Bearbeitung auf den seit Jahrtausenden genutzten Flächen sind, so selbstverständlich muss das Ödland darüber von Eingriffen des Menschen verschont bleiben. Die Demarkationslinie zwischen den beiden Räumen ist im Idealfall nicht sichtbar, denn der Wert der Bergwelt entspricht der nicht geteilten Summe aus bearbeiteter Kultur- und intakter Naturlandschaft.

Gebetsfahnen in Tibet, Potala, Lhasa, Asien.

COMPASSION Nicht mit Aggression und Terror, mit Compassion streiten die Tibeter mit seiner Heiligkeit, dem Dalai Lama, um eine konkrete Autonomie für ihr Tibet, das China seit mehr als 50 Jahren besetzt hält. Niemand hat das friedliche Bemühen um kulturelle und religiöse Eigenständigkeit konsequenter vorgelebt wie der 14. Dalai Lama, der seit 1959 im Exil in Indien lebt. Hoffen wir, dass die Tibeter für ihre »no violence«-Haltung belohnt und nicht bestraft werden.

GRENZGANG Das Unterwegssein nahe der eigenen Leistungsgrenze und mit einem Minimum von zwischengeschalteten Steighilfen und Absicherungen hat einen besonderen Reiz. Nicht zuletzt sind Risiko und Schwierigkeiten wesensbestimmende Elemente des Bergsteigens. Die Befriedigung unseres Tuns hängt immer wieder ab von Wagen, Einsatz, Urteilskraft, Selbstkontrolle, Können und Verantwortungsbewusstsein. Also ist Bergsteigen eine spannungsgeladene Balance zwischen Gefahr draußen und Sicherheit in uns drinnen, eine Sicherheit, die aus Erfahrung kommt und die nichts zu tun haben darf mit der Hybris, der Natur überlegen zu sein.

Nach der Besteigung des Mount Everest in Seilschaft mit Peter Habeler (1978) will Reinhold Messner allein bis zum Gipfel.

“Wie oft war ich zwischen möglich und unmöglich, zwischen Selbstverschwendung und Selbstzerstörung unterwegs – auf ‘Messners Schneide’ eben.”

“Schritt für Schritt in die Höhe:
Der Sauerstoffpartialdruck nimmt ab,
die Aufregung nimmt zu; vor allem
wächst das Ausgesetztsein.”

Messner beim Alleingang am Mount Everest.

ERFOLG Ein gelungener Aufstieg bis zum Gipfel gilt, nach geglücktem Abstieg, als bergsteigerischer Erfolg. Aber diese Art Erfolge bedeuten nicht viel, sie sind unwichtig. Auch vergeht der Genuss einer Gipfelstunde rasch. Der Höhepunkt bei einer Bergbesteigung hat mit dem Gipfel meist nichts zu tun. Das Bemühen um ihn ist es, das im Menschen Emotionen weckt, die lebendig bleiben.

EIGENVERANTWORTUNG Alle, die in die Berge aufbrechen, tun dies eigenverantwortlich. Sie müssen sich also auf ihr Urteilsvermögen und ihr Gewissen verlassen können. Denn sie übernehmen Verantwortung für sich und jene, denen sie in der Bergwelt begegnen. Entscheidungen dort müssen nicht den Erwartungen anderer entsprechen, sondern der Sicherheit der Akteure dienen. Gilt es doch Unternehmungen am Berg so sicher wie möglich zu gestalten. Ziele, den eigenen Fähigkeiten entsprechend ausgewählt, werden nicht erreicht, sie werden den Zustand des Teams berücksichtigend angestrebt. Dabei müssen auch die sich verändernden Verhältnisse am Berg dauernd berücksichtigt werden.

Nach dem Everest-Alleingang (August 1980) reift die Idee der Antarktis-Überquerung. Ziel: der Süd-Pol.

“Bergsteigen ist mit moralischen Maßstäben nicht messbar, sowenig die Verantwortung dabei eindeutig teilbar ist.”

Aufstieg zum Mount Everest.

SICHERHEIT Sicherheit hat mit Selbstverständnis zu tun und dieses basiert auf Können, Erfahrung, Bei-sich-Sein. Alle Sicherung am Berg kann schließlich nur die eigene Unsicherheit kaschieren. Trotzdem bin ich nicht gegen Absicherungen beim Klettern oder Bergsteigen. Gefahren sind nicht immer vorhersehbar, und wir alle machen Fehler. Die mit künstlichen Hilfsmitteln aufgebaute Sicherungskette aber darf die eigene Sicherheit nicht ersetzen. Sicherheit ist ein Wert, den zu erreichen ein lebenslanges Bemühen lohnt.

“Schwierigkeiten und dauerndes Ausgesetzt-sein lassen unsere Sinne abstumpfen. Bevor wir zurück sind, leben wir in einer gefährlichen Welt.”

LANGSAMKEIT In dieser Welt der Fußgänger aber hat alles sein Maß und seine Geschichte. Rekorde spielen dabei keine Rolle und Shows aller Art sind in den Bergen fehl am Platz. Wer sich aber der schieren Unendlichkeit der Gebirge aussetzt, hat die Chance, ein Maß für sich selbst zu finden, in Zeit und Raum da zu sein mit der gleichzeitigen Ahnung vom Ende.

Bergsteigen geht langsam, still und überlegt vor sich. Auch die Gebirge wachsen ja unsichtbar langsam dem Himmel entgegen und sie verfallen gleichzeitig unter der Verwitterung. Alles im Laufe von Erdzeitaltern und doch sichtbar, hörbar, greifbar.

Mount Everest von Norden. Einsamkeit am höchsten Berg der Welt.

Links: »Mani«, in Stein gemeißelte Gebete am Wegrand.

Die Yaks im Tschang Tang, Tibet.

NOMADENGESETZ Die Gesellschaft der Nomaden besteht aus Großfamilien und benachbarten Nomadengruppen. Keine großen Einheiten. Beamte kennen sie nicht, einen Grundherrn haben sie nie gesehen, Streitigkeiten lösen sie aus ihrer, der Ahnen und der Alten, Mitte. Der Schamane ist nur ein Medium zwischen Mensch und Natur. So ist das Gesetz. Nomaden unterstellen sich keiner Herrschaft, sie akzeptieren nur die Gesetze der Natur.

SCHNEE

Schneeland, Schneeschuh, Schneebär, Schneemensch, die Wortverbindungen mit Schnee sind viele und die allermeisten suggerieren Geheimnisvolles. Als läge der gesamte Kosmos verborgen in einem einzigen Schneekristall. »Die fünf Schatzkammern des Schnees« nennen die Einheimischen das Massiv des Kangchendzönga, den dritthöchsten Berg der Erde, der an der Grenze zwischen Indien, Nepal und Tibet liegt. Als gäbe es Shangri La, dieses verwunschene Schneekönigreich, wirklich.

»Kantsch« von Norden, Himalaja. Aufbruch zum dritthöchsten Berg der Welt.

Unten: Zurück im Lager.

LOKALES IN DER GLOBALEN WELT

Jedes Gebirge, ja jeder Gipfel hat seinen Charakter, sein unverwechselbares Gesicht. Berge sind nicht auswechselbar und jedes Gebirge hat seine lokale und globale Bedeutung. In einer globalen Welt, in der das Lokale wieder an Bedeutung gewinnt, gilt es, das Besondere der einzelnen Bergregionen zu bewahren.

Yak-Man im »Wilden Osten«, Kham, Tibet.

KONFLIKTLÖSUNGEN Die vorbildlichen Konfliktlösungen zwischen Tourismus und Landwirtschaft oder zwischen Naturschutz und Naturnutzung, die an vielen Orten der Alpen praktiziert werden, sind so stark mit zentralen Elementen der europäischen Kultur verknüpft, dass sie nicht auf außereuropäische Gebirge übertragbar sind. Sie können Anregungen bieten, aber kein direktes Vorbild sein.

Werner Bätzing

WESENBESTIMMENDE ELEMENTE DES BERGSTEIGENS

Die verschiedenen Spielformen des Bergsteigens entsprechen, wie die diversen »Philosophien« auch, unterschiedlichen menschlichen Bedürfnissen. Aber Vorsicht, Sicherheit und Stil werden in der Diskussion dazu oft fehlinterpretiert. Dabei sind alle Motivationen, auf Berge zu steigen, legitim. Nur die »Demokratisierung«, eine Tendenz, das Bergsteigen zu homogenisieren, um es für alle sicherer zu machen, bedeutet gleichzeitig auch einen Werteverlust. Mit dem Wegfall der Gefahr würde das Bergsteigen sein wesenbestimmendes Element verlieren und mit einer immer weiter perfektionierten Infrastruktur – Blitzableiter, Lawinenverbauung, Absicherung – kann Sicherheit für alle nur suggeriert, nie garantiert werden.

“Ich bleibe dabei: Könnten wir einem Berg all seine Gefahren nehmen, wir machten ihn dabei zur Attrappe.”

Sérak. »Kantsch«-Nordwand, Himalaja. Gefährliche und schwierige Welt.

In der Südostwand des Cho Oyu, Himalaja.

"Auch Bergsteigen ist oft mehr Kampf um Aufmerksamkeit als Passion für die Grenzerfahrungen. Die Sucht der Bergsüchtigen wird auf Prestigegipfeln befriedigt: Am Mount Everest, am Matterhorn, an den Drei Zinnen."

PASSION Ja, Passion, Leidenschaft gehört zum Bergsteigen. Gute Vorsätze allein tragen nicht weit. Kälte, Sturm, Müdigkeit – vor allem die eigenen Ängste bremsen uns oft. Und es ist gut so. Nein, es ist keine Schande umzukehren, zurückzugehen. Ein Scheitern bedeutet es nicht. Scheitern können am Ende nur diejenigen, die es nicht einmal versucht haben, und jene prestigesüchtigen Aktionisten, die ihre Abhängigkeit von Anerkennung als Bergsucht verherrlichen.

WACHSEIN Unser Reaktionsvermögen wird im Hochgebirge besonders gefordert. Es gilt ständig aufmerksam, wach, auf der Hut zu sein, besonders nachts im Biwak oder bei der Rast: Das Wetter könnte sich verschlechtern, der Weg verloren gehen, dazu kommen Lawinen, Steinschlag.

Je höher wir aber steigen, umso weniger funktionieren Konzentration, Wille, Entscheidungsfähigkeit. Das Gehirn leidet unter dem Sauerstoffmangel und streikt. Auf den höchsten Gipfeln sind wir langsam in unseren Reaktionen und oft tumb im Kopf. Es gilt deshalb, unter seiner Leistungsgrenze zu bleiben und rechtzeitig abzusteigen aus der »Todeszone«.

"Abstieg, Rückkehr zum Leben.
Im Aufstieg bedeutet jeder Schritt
zwei Schritte weiter weg vom Leben."

Abstieg von der Annapurna, Himalaja.

GEFAHRENRAUM Auch beim Bergsteigen wird Leistung mehr an der Geschwindigkeit und am gekletterten Schwierigkeitsgrad gemessen als am Ausgesetztsein. Kraft- und Bewegungskomponenten stehen also im Vordergrund, die Gefahr tritt in den Hintergrund. Denn die durch Bohrhaken und Fixseile perfektionierte Sicherung lässt Vorstiegsfehler meist belanglos werden. Sicherheit durch Risikobewältigung, die in großen Wänden wichtig war, spielt also eine sekundäre Rolle, wenn Sicherungen nicht mehr selbst angebracht werden müssen. Wenn aber Fehler beim Vorstieg keine drastischen Konsequenzen haben, sind wir im Als-ob-Gefahrenraum.

“Die Gefahr gehört zum Berg wie die Angst zum Bergsteiger.”

Eisbruch, Annapurna, Himalaja.

Schloss Juval im Vinschgau.

EMOTIONEN Bergsteigen hat viel mehr mit Emotionen zu tun als mit Mut. Im Vorfeld unserer Bergtouren ist es vor allem unser Geist, der sie nährt. Wachsen uns Zielvorstellungen und Begeisterung doch in unseren Tagträumen zu. Planung und Durchführung haben dann auch mit Ratio und Willen zu tun, am Berg selbst aber kommen wieder Instinkte und Emotionen zum Schwingen – vor allem beim Zurückkommen, wenn wir die lebensfeindliche Welt über uns wissen und mit dem Eintauchen in die Menschenwelt eine Art Wiedergeburt erleben.

"Dem behüteten Dasein zwischen den eigenen Mauern entwächst allmählich der Tagtraum, sich von neuem den Enden der Welt zu nähern."

Schneeland Himalaja, Dhaulagiri, Nepal.

"Weder die Höhe noch die Schwierigkeit, allein mit seinesgleichen an der eigenen Leistungsgrenze unterwegs zu sein, zählt beim Bergerlebnis."

BEGEISTERUNG Begeisterung für die Sache ist eine der Grundvoraussetzungen auch fürs Bergsteigen. Ob es die Landschaft, das Zusammensein mit Gleichgesinnten oder das Tun selbst ist, wen die Berge nicht faszinieren, der wird auf Dauer keine Freude und keine Freunde dort finden. Denn gemeinsames Engagement erst, Einsatz, durchgestandene Strapazen sind der Stoff, aus dem die Tagträume der Bergsteiger gemacht werden. Bergsteiger sind keine Schicksalsgemeinschaft, denn sie sind nicht süchtig. Sie teilen aber die Begeisterung für eine gemeinsame Sache.

> “Im Nebel ist die Orientierung rasch verspielt, besonders im flachen Gletscher.”

Rast auf einem Gletscher im Himalaja.

WHITE OUT Die Dimensionen der Gebirge wachsen – natürlich nur in unserer Vorstellung – mit dem Aufstieg in die klare Höhenluft und sie wachsen, wenn wir im Nebel stecken. Vor allem in flachen Schneelandschaften sind wir rasch verloren, wenn Wolken oder dichte Nebel uns einhüllen und jede Vertiefung zur Falle wird. Im White out werden flache Schneehänge zu Gefahrenzonen, Tage zu Ewigkeiten, Zweifel rasch zu Verzweiflung. White out ist wie die Umnachtung im Kopf – am Ende verschwindet die Welt in einem schwarzen Loch.

Gebete und Hoffnung. Kailash, Transhimalaja, Tibet.

“Wie oft bin ich um den Kailash herumgegangen – zu Fuß und im Geiste –, um zu ahnen, dass Milarepa das Göttliche suchte.”

DAS GÖTTLICHE Einst waren wohl alle Berge heilig für die Menschen, die an ihrem Fuß lebten. Der Mount Kailash in Westtibet ist es heute noch. Er gilt allen Gläubigen der weiteren Umgebung als der heiligste aller Berge. Welcher Religion die Einheimischen im weiten Umkreis auch angehören, sie pilgern zu ihrem göttlichen Symbol. Um zu beten, zu staunen, um den Berg zu umrunden. Als Sitz des Gottes Shiva ist der Kailash für Hindus, Buddhisten und Bönpos gleichermaßen bedeutend und auch alle künftigen Zeitalter werden nicht ausreichen, seine wunderbare Ausstrahlung zu beschreiben.

MYTHOS BERG Was hinter den Gebirgen ist und darüber, frage ich mich. Warum sind der lokalen Bevölkerung bestimmte Gipfel heilig und warum erscheinen den Bergsteigern einige wenige Figuren mythologisch verklärt? Wofür stehen Milarepa, Mallory, Tarray, der Yeti?

> **"Milarepa ist mein Lieblingsphilosoph."**

Milarepa in Schloss Juval.

MEDIUM Zu erobern gilt es im Gebirge nichts mehr. Wohin noch kein Mensch gekommen ist, schielen die Objektive der Satellitenkameras und dort, wo eine besondere Formenvielfalt die Berge auszeichnet, hat die Tourismusindustrie ihre Marktnischen schon besetzt.

Was es zu erobern gilt, sind die versteckten Winkel unserer Seele. Der Mensch als Mängelwesen wird sich seiner Begrenztheit vor allem dann bewusst, wenn er an den Rand seiner psycho-physischen Fähigkeiten stößt. Berge bleiben als Medium wichtig. Sie sind Wege zur Selbsterkenntnis.

REGELN Reglementiertes Bergsteigen hätte nur einen Reiz für mich: die Regeln zu brechen. Und zwar nicht nur, weil menschengemachte Gesetze angesichts unberechenbarer Gefahren im Hochgebirge lächerlich sind. Vor allem, weil das individuelle Überleben im Grenzbereich zwischen Möglich und Unmöglich oft nur gegen alle Erfahrungen möglich ist.
Ich respektiere die Gesetze der Natur und lächle über alle Gesetzgeber, die sich mit ihren Vorurteilen über das Göttliche erheben wollen.

“Die Enge – daheim, im Tal, in Südtirol – hat mich hinaus- und hinaufgetrieben in eine Welt, in der nur die Naturgesetze gelten.”

Lingam mit Kailash, Transhimalaja. Am Fuße des heiligsten Berges der Welt.

SELBSTVERWIRKLICHUNG Jeder Mensch hat das Recht, sich auszudrücken, sich selbst zu verwirklichen, über das Lebensnotwendige hinaus. Das Bedürfnis nach Sicherheit, Liebe und Anerkennung steckt in uns allen und Bergsteigen kann in diesem Zusammenhang ein sinnstiftender Faktor im Leben Einzelner sein. Erleben wir dabei doch Leistungsfähigkeit, Kreativität und Befriedigung. Die Herausforderung, Probleme in Angriff zu nehmen, die uns körperlich wie geistig fordern, und nicht zuletzt das Hinausschieben der Grenzen des für uns Machbaren, machen uns stark. Selbstverwirklichung und Leistung sind aber immer zweitrangig vor der Würde und Unversehrbarkeit von Mensch und Natur.

Start zum Südpol, den es nicht gibt (November 1989).
Er ist ein erdachter Punkt, aber erreichbar.

SUCHT Nur die allerwenigsten von uns sind von einem »du musst« getrieben. Und nur in seltensten Fällen entwickelt sich Bergsteigen zur »Sucht«. Am Berg geht es um Eigenverantwortung, Ausgesetztsein in lebensfeindlicher Umwelt, ums Überleben vor allem. Weniger ums »High-sein«. Ähnliches wird beim Ausdauersport erlebt: physiologisch und psychologisch. Die Ausschüttung von Endorphinen, die den Ermüdungsschmerz verschwinden lassen und intensives Existenzerleben fördern, machen zwar euphorisch, aber nicht abhängig. Alles Grübeln verschwindet, Denkzwänge, Alltagsängste, die Quälgeister unserer »kultivierten« Lebenswelt, lösen sich auf. Bergsteigen ist also auch eine Möglichkeit, leer zu werden, neue Denkansätze zu finden, das Leben nach gelungener Tour als neue Chance zu begreifen. Es ist Vergessen und Wiedergeburt zugleich, Befreiung, nicht Sucht.

Antarktis. Am Gipfel des Mount Vinson, des höchsten Berges des siebten Kontinents.

DIE HORIZONTALE WILDNIS Nein, Grönland, die Antarktis, die Wüste Gobi und die Sahara dürfen nicht flach gedacht werden. Das Eis dort türmt sich tausende Meter hoch, die Sanddünen hier sind oft wie Gebirge für sich. Nur der arktische Ozean ist flach, ein unübersichtlicheres Eischaos aber gibt es nicht.

"Am Beadmoore-Gletscher in der Antarktis hatte ich häufig das Gefühl des Verrücktseins. Zeitlich wie räumlich. Als ob ich während der Eiszeit durch die Alpen ginge."

Steger-Expedition mit Schlittenhunden in der Antarktis.

Am 13. Februar 1990 kamen Arved Fuchs und Reinhold Messner ans Rossmeer. Nach 92 Tagen Einsamkeit.

STURM Stürme sind wie Lasten, die sich auf uns legen. Das gilt physisch ebenso wie psychisch. Du kannst dich noch so gegen den Wind stemmen, dich verkriechen, hinkauern, der Druck bleibt bestehen, und damit auch die Angst, vom Grat gefegt zu werden, zu ersticken, Weg und Leben zu verlieren. Nachts immerzu diese Angst, das Zelt könnte reißen!

Wenn der Sturm dann nachlässt, nach Stunden oder Tagen vielleicht, ist die Ruhe zuerst wie eine Erleichterung. Bald aber gehört die Ruhe nach dem Sturm wieder zum Alltag. Als könnten Stürme nie mehr aufkommen.

Über das antarktische Eis folgt Arved Fuchs Reinhold Messner mit einem Gleitschirm. Was Sir Ernest Shackleton »den letzten Trip auf Erden« genannt hatte (1913), konnte Reinhold Messner 1990 verwirklichen.

Forschungsstation der USA am Südpol.

Im Schneesturm durch Manang, Nepal.

> Im Schneeland des Himalaja sind die Häuser wie Festungen; Festungen gegen Sturm und Kälte und Einsamkeit."

LEIDEN Bergsteigen hat zwar nichts mit Masochismus zu tun, trotzdem bleibt es auch »das Spiel der Leiden«. So gut uns allen tiefes Durchatmen, Steigen, Gehen und Schauen tut, zum Unterwegssein im Gebirge gehören auch ungezählte Unannehmlichkeiten: ein harter Lagerplatz und kalte Füße, Hunger und Durst, Kopfschmerzen in großer Höhe und Krämpfe nach Überanstrengung. Aber sind es nicht gerade diese Leiden, die uns klar machen, wie begrenzt wir sind? Begrenzt in unserer Kraft, in unseren Instinkten, Fähigkeiten, in unserer Willensäußerung. Ja, die Leidensfähigkeit gehört zu den wichtigsten Fähigkeiten der Bergsteiger/-innen.

NOMADENTUM Nomaden gibt es in den Bergen seltener als in Wüsten oder Tundren. Halbnomaden aber, die je nach Bergregion eigene Ausprägungen gefunden haben, traf ich in den Bergen Ostafrikas ebenso an wie in Hochasien. Sie beanspruchen nur einen Platz für den Winter und ziehen vom Frühling bis zum Sommer auf verschiedenen Routen bergwärts, um im Herbst oder nach der Regenzeit wieder Höhenstufe für Höhenstufe abzusteigen, in ihr Winterlager zurückzukehren, von wo sie nach den kältesten Monaten des Jahres wieder aufbrechen.

Kamelkarawane in der Wüste Takla Makan.

"Viele, die in diese Flugsandwüste hineingingen, kamen nicht mehr heraus."

HALBNOMADENTUM

Wer für Monate im Gebirge lebt, ohne Kontakt zum Rest der Welt, im Winter und im Sommer den Tieren in höhere Regionen folgt, lebt in einer eigenen Welt. Er will und kann den »Lebensraum« Stadt nicht verstehen und weiß auch nichts von seiner Existenz. Nein, die Halbnomaden in Dolpo, in Nepal, Mustang oder Nordtibet führen ein einfaches Leben. Aber es ist eine Form des Daseins, die zu respektieren ist und die nicht zerstört werden darf.

“Mein ‘Halbnomadentum’ – von Land zu Land, von Stadt zu Stadt, von Hotel zu Hotel – hat nichts zu tun mit dem Wanderleben der Yak-Nomaden in Tibet.”

Der endlose Winter, Dolpo, Nepal.

WEISHEIT Es sind die Alten und die Kinder, die all meine Aufmerksamkeit haben. Die Alten, weil sie wissen, die Kinder, weil sie wissen wollen. Es ist überall in der Welt so, und es wird auch in Zukunft so sein, hoffe ich.

"Mit den Jahren suchte ich nicht mehr nur nach den höchsten Berggipfeln der Erde, sondern auch nach den Menschen, die dort leben."

Die Weisheit des Alters, Rishikesh, Indien.

> “Berge spiegeln sich im klaren Wasser, unsere Seele spiegelt sich im Bergsteigen. Die letzten Winkel bleiben dennoch im Nebel.”

Der Siebentausender Mustag Ata an der Seidenstraße, China.

VERGESSEN Das Unterwegssein im Gebirge – äußerste Konzentration beim Klettern oder auch das Entspanntsein nach anstrengenden Tagen am Berg – kann viele Sorgen aufheben. Für kurze Zeit vergessen wir dann alles, sind nur noch da. Vergessen können aber ist eine der Voraussetzungen, die erfüllt sein muss, um offen zu werden für Gedanken, Empfindungen, Erkenntnisse. Vielleicht sollten wir alle ins Gebirge gehen, ab und zu wenigstens, um fantasiegeladen, angetörnt mit neuer Lebenslust, zurückzukommen.

Detail der Ruine Schloss Juval.

“Die Geräusche – Wind zwischen den Steinen, Schneestaub in der Luft, Wasser unter dem Eis – höre ich auch in der Stille meines Zuhause.”

STILLE Ein Wert, der seit Anbeginn mit den Gebirgen verbunden bleibt, ist die Stille. Und je lauter die Welt wird, umso wichtiger wird dieser Wert. Ganz einfach, weil in Zukunft mehr und mehr Mangel daran herrschen wird. Nichts kommt uns so unbemerkt abhanden wie die Stille. Auch deshalb gilt es, die letzten unerschlossenen Bergregionen vor Infrastrukturen aller Art zu schützen und leise in die Stille vorzudringen. Wir dürfen sie nicht vertreiben.

“Die Antarktis ist die Heimat des Eises und des Sturmes. Dazu kommen Einsamkeit und Stille.”

»Verloren« in den transantarktischen Bergen.

KÄLTE/HITZE Was ist schlimmer, Kälte oder Hitze? Ich kann es nicht sagen. Wie oft hat mich die Höhenstrahlung ausgelaugt bis zur Apathie, und wie oft ist mir die Kälte in die Knochen gefahren bis zur Gliederstarre. Dem Kältetod kann man wenigstens davonlaufen, solange Sicht und Energie es erlauben. Zuletzt kommt er mit einem Gefühl von Wärme und wie eine Erlösung. Hitze in großer Höhe hingegen laugt wie die dünne Luft unseren Geist aus und zuletzt sind wir so tumb im Kopf, die Beine so schwer, dass wir gleichgültig werden. Manche lassen das Sterben einfach geschehen. Nein, wir Menschen kommen weder mit großer Hitze noch mit großer Kälte zurecht, unser Spielraum ist limitiert.

TRÄUMER Ich weiß, es gibt keine »weißen Flecken« auf den Landkarten mehr. Alles ist erfasst, vermessen, aus dem All fotografiert. Und doch, mit der Bereitschaft, dorthin zu gehen, wo all die anderen nicht sind, wächst Gebirgen, Landstrichen und Gipfeln das Unbekannte, Geheimnisvolle, ja das Unmögliche zu. Auch wenn andere schon lange vor uns da gewesen sind, kann der Eindruck entstehen, dass wir die Einzigen, die Ersten und Letzten dort sein werden. Nein, es ist nicht nur eine Illusion, unverletzte Räume bleiben zeitlos geheimnisvoll, und es lohnt sich, sie »unberührt« zu hinterlassen – für die nächsten Träumer.

"Der dritte Pol ist immer das nicht erreichbare Ziel, der nicht gelebte Traum."

Den Süd-Pol erreicht, den Mt. Everest bestiegen, am Nordpol gescheitert. Nach Messners Expedition zum Südpol und dem Aufstieg zum Mount Everest war der Nordpol das Ziel.

EINSAMKEIT Stille und Weite und keinerlei Spur. Nichts als Weite. Nein, die Pole und Gebirge sind nicht einsam, sie sind nur da. Wir, die wir hinaufsteigen, tun es meist in Gesellschaft, und doch erleben wir dabei jene Ruhe, die mit Einsamkeit in Verbindung gebracht wird. Dazu dieses Weit-weg-Sein, dieser Friede in allem, eine Art Befreitsein. Einsamkeit ist ein Befinden, das nur uns selbst betrifft und in der Enge der Städte häufiger auftritt als in den Bergen oder auf hoher See. Hoch oben aber oder weit draußen kann Einsamkeit auch als ein von allem Ballast befreiter Zustand empfunden werden – ein Wert, um den es sich lohnt, bis in die letzten stillen Winkel der Welt zu gehen.

Nachdem Reinhold Messner die höchsten Berge der Erde bezwungen hatte, erreichte er auch den Süd- und Nordpol.

Zelt auf dem Gipfelgrat des Mount Everest

"Im Packeis – Kälte, Chaos, Finsternis – erscheint das Zuhause als sicheres Nest."

WILDERNESS Die Wildnis ist ein unschätzbarer Wert für die Menschheit. Auch wenn nichts Brauchbares dort wächst oder zu holen ist – kein Getreide, kein Gold, kein Öl – allein als Raum, der die menschliche Fantasie beflügelt, können wir nicht auf sie verzichten. Forscher, Abenteurer und Künstler haben sich jahrhundertelang mit den weißen Flecken auf dem Globus beschäftigt. In virtuellen und realen Landschaften. Trotzdem sind so viele Fragen übrig geblieben wie es Neugierige gibt, die bereit sind, sich ihre Antworten dazu selbst zu suchen.

VERANTWORTUNG Millionen von Grenzgängern auf der ganzen Welt sind Teil einer Bewegung, also auch Teil des öffentlichen Lebens geworden. Damit wächst auch ihre Verantwortung. Die Legitimität der verwendeten Hilfsmittel, ans Ende der Welt zu kommen, steht wieder zur Diskussion und die ökologische Frage dabei im Zentrum. Der aktive Naturschutz muss für uns alle selbstverständlich werden. Die ungeschriebenen Verhaltensregeln müssen Werte wie Stille, Urnatur und Raumtiefe berücksichtigen. Unsere stillschweigende Übereinkunft könnte vielleicht »no more infrastructures, no permanent tracks, no drugs« heißen.

Ein Nordsturm bricht das Packeis auf, und die erste Nordpol-Expedition der Brüder Messner fällt ins Wasser (März 1995).

EIS Wasser gespeichert in Form von Eis ist eine zähfließende Masse mit einem ungeahnten Veränderungspotenzial. Aber auch gefrierendes Wasser mit seiner Sprengkraft, Lawinen und Permafrost verändern die Gebirge Tag für Tag. Seit Jahrmillionen. Nicht erst der Sturz in eine Gletscherspalte, morscher, verwitterter Fels in der Hand, mehr noch der Blick vom Tal auf das Hochgebirge macht klar, wie viel Energie Gletschereis in sich gespeichert hat. Dort liegt auch das Süßwasser für Abermillionen Menschen, die in gebirgsnahen Ballungszentren leben – ein Wert, an dem Mangel sein wird im angebrochenen Jahrtausend.

Ähnlich wie Nansen mit seiner »Fram« das Polarmeer überquerte (1893–96), will es Reinhold Messner zu Fuß überqueren.

TEAMFÄHIGKEIT Zuverlässigkeit, Teamfähigkeit und Einsatz für das gemeinsame Ziel sind Voraussetzungen für den Erfolg. Auch in der Arktis. Und Rücksichtnahme auf andere, Achtsamkeit, Toleranz und Kompromissbereitschaft gehören zur Teamfähigkeit. Denn alle in einer Seilschaft oder im Team sollen sich ihren Fähigkeiten gemäß entfalten können. Die Geschwindigkeit des Aufstiegs richtet sich also am Gruppenschwächsten aus. Der Leader unterstützt die anderen Teammitglieder und wird wie selbstverständlich von diesen unterstützt. Allerdings muss Leadership verdient werden, und zwar immer wieder neu.

> Ein Schlüssel zum Weiterkommen ist das Zurechtkommen im Team. Bis heute ist mir das nie schwer gefallen."

Im April 1995 erreichen Hubert und Reinhold Messner den Nordpol.

ERLEBNISRÄUME Intensives Leben, individuelle Freiheiten, Streben nach Glück hängen in Wüsten und Gebirgen weniger von einer immer weiter perfektionierten Infrastruktur ab als vielmehr von möglichen Erlebnisräumen. Intakte Landschaften gilt es zu bewahren. Worin liegt im Gebirge der Unterschied zur Stadtkultur? In ihrer Unzugänglichkeit. Bergsteiger suchen keine aufgeschlüsselte, sondern eine geheimnisvolle Welt.

"Die Wüste, durch die wir gehen, ist immer nur die Wüste in uns."

Allein in die Wüste Takla Makan, China.

FRAUEN AM BERG Felsklettern setzt Geschicklichkeit und Schnellkraft voraus, Bergsteigen Erfahrung und Ausdauer. In der Summe dieser Fähigkeiten, in ihrer Eignung also, sind Frauen in den Bergen Männern wenigstens ebenbürtig. Trotzdem blieb der Alpinismus lange reine Männersache. Machogehabe zeichnete ihn aus. Bei der Arbeit in den Tälern aber mussten die Frauen von Anfang an mit anpacken, und oft sind sie es, die das Überleben der Berghöfe sichern.

Frau mit Yaks, Altai, Mongolei.

Der Belucha im Altaigebirge, Sibirien.

ETHIK Ich glaube an die Selbstheilungskräfte, die auch im Alpinismus stecken. Wir brauchen also keinen ethischen Code. Wir brauchen nur eine gemeinsame Wertecharta. Verhaltensregeln unterliegen der Mode, Werte setzt jede Generation erneut und bewusst.

Eine »Risikovermeidungsgesellschaft«, in der zwar alle ihren Kick, aber niemand Verantwortung haben will, schafft auch Raum für all die anderen, die sich selbstverantwortlich mit den Gefahren des Hochgebirges auseinander setzen wollen. Also wird das Bergsteigen nie an Ausstrahlung verlieren.

"Weit oben und weit draußen in Eigenverantwortung zu handeln hat mich geformt. Wie sonst nichts."

Bergsteiger auf einem Fünftausender hoch über der Wüste Gobi.

DER WERT DES GELDES Ohne Mittel ist auch Bergsteigen kaum möglich. Und weil Expeditionen heute kaum noch von Vereinen oder der öffentlichen Hand getragen werden, gilt es für jede Reise die finanziellen Mittel zu beschaffen. Jedem Grenzgang geht also intensives Geldbeschaffen voraus. Wie soll jemand Jahr für Jahr zwei bis drei Expeditionen durchführen, wenn sie vorher nicht finanziert sind? Das selbsttragende Prinzip – der Grenzgang ernährt den Grenz-

Die Insel South Georgia in der Antarktis. Erstes Licht in unendlicher Stille.

gänger – gehört zum Selbstverständnis der modernen Bergsteigergeneration. Auch ich lebte, wirtschaftlich gesehen, von den »Abfallprodukten« meines Tuns: Erzählungen, Erfahrungen, Wissen. Ich habe völliges Verständnis für all jene, die meine Person als »Vermarkter« nicht in Einklang bringen wollen mit meiner Person als »Grenzgänger«. Aber ich bestehe nicht aus zwei widersprüchlichen Hälften. Das scheint nur so. Zusammen nur ergeben die vielen Fähigkeiten meine Persönlichkeit.

ZERBRECHLICHE BERGWELT Mit dem Bergsteigen ist es wie mit der übrigen Welt. Am Ende des 18. Jahrhunderts erweckte sie den Eindruck, stabil zu sein. Die handelnden Personen zweifelten nicht an ihrem Tun. Am Ende des 20. Jahrhunderts nun erscheint uns sogar die Bergwelt zerbrechlich, und die Akteure sind dabei, sie zunehmend zu ruinieren.

Ayers Rock, heiliger Berg in Australien.

> **„Hier – so sagen die Aborigines – lebt das Nichts. Dieses Nichts ist ihr wertvollster Wert."**

ZUKUNFT Die Gebirge waren anfangs nur da, für die Menschen ein Rätsel. Dann war der Berg Medium, ein Schlüssel zum Kosmos. Später begann die Eroberung, die wir heute nutzlos nennen. Mit jeder Besteigung vertrieben wir Mythen, mit jedem »Sieg« verloren wir Welten. Früher einmal kletterten wir in blindem Heroismus, gestern im Schatten von

Idealen. Heute ist das Bergsteigen im Umbruch vom Abenteuer zum Sport, vom Unterwegssein zum Wettlauf. Mit jedem Erfolg, mit jeder Vorgabe verändern wir das Medium. Mit dem Wettlauf heben wir es auf. Dieses Medium aber ist nicht tot, es ist nur verwaist. Die Berge stehen immer noch da.

Machapuchare, Himalaja, Nepal.

Die Stille der Wüste, Gobi, Mongolei.

ERBE, ETHIK, EITELKEIT Die Bergsteigerethik ist eine ungeschriebene. Sie gehört aber, wie die alpine Geschichte, die Literatur, das Unmögliche zum kulturellen Erbe unseres Tuns. Immer wieder haben verschiedene »Schulen« um den richtigen Weg gestritten, und immer wieder ist es in dieser Auseinandersetzung zu einer stillschweigenden Übereinkunft gekommen – für ein faires Bergsteigen im Hier und Jetzt. Nicht wer die Regeln bricht oder Tabus verletzt, nicht die Kreativen also sind die Spielverderber unseres anarchischen Tuns, es sind die Moralisten, die, in ihrer Eitelkeit verletzt oder verstiegen in ihrem Ehrgeiz, nicht wahrhaben wollen, dass auch die Ethik der Bergsteiger einem stetigen Wandel unterliegt. Sie ist nur dem unendlichen Spannungsbogen Mensch–Berg verpflichtet und nicht allzumenschlicher Moral.

MESSNER MOUNTAIN MUSEUM Das kulturelle Erbe des Bergsteigens einbringen, unser Tun hinterfragen, immer wieder, gehört ebenso zu meinen Aufgaben wie die Verteidigung der Möglichkeit aller – soweit wir keine Spuren hinterlassen – weltweit ins Gebirge zu gehen.

Sigmundskron von oben gesehen.

SCHLOSS SIGMUNDSKRON BEI BOZEN

Die Burgruine wäre der ideale Ort, um Messners Museums-Projekt zum Thema Mensch–Berg umzusetzen. Von hier aus sieht man die Gletscher und die Dolomiten, begreift das Leben im Gebirge und die Menschen, die dort leben. Realisiert hat Reinhold Messner schon drei seiner Projekte: In Sulden/Ortler sind ALPINE CURIOSA zu sehen, in Schloss Juval hat er seine Sammlung TIBETICA ausgestellt. Im Sommer dieses Jahres ist im Fort auf dem Monte Rite Cadore das Messner-Mountain-Museum DOLOMITES eröffnet worden.

Diese Projekte sind für Reinhold Messner so wichtig wie seinerzeit die Besteigung des Mount Everest.